Al compás de la música

EDICIÓN PATHFINDER

Por Susan Blackaby

CONTENIDO

Música y cultura
EN ARMONÍA

Por Susan Blackaby

Es imposible decir cuándo se inventó la música. Muchas culturas creen que la tradición musical es tan antigua como la Tierra. En Australia, los pueblos aborígenes creen que la música se remonta al origen del mundo. Sus antiguos mitos describen la creación del universo a través de canciones. En la mitología hopi, la mujer araña canta una canción de creación para dar vida a los dos primeros seres.

Los primeros grandes pensadores y científicos creían que la música era la fuerza que mantenía al universo en movimiento.

La música es un **lenguaje** que pueden entender las personas de todas las culturas. En todo el mundo, las personas tocan **instrumentos** de viento y de cuerda. Hacen sonar los tambores y aplauden. Tararean canciones, corean versos y cantan con fuerza. La música es algo que todo el mundo tiene en común.

La historia del canto

¿Qué se hizo primero: cantar o hablar? Algunos investigadores creen que las personas usaron la voz para cantar mucho antes que para hablar. Y después de que empezaron a cantar, comenzaron a tocar instrumentos musicales. El tambor, el harpa y la flauta son ejemplos de instrumentos musicales antiguos que aún se utilizan.

Todas las culturas del mundo cantan. En la actualidad, la música se considera principalmente un entretenimiento. Pero en el pasado, era una gran parte de la vida diaria. Antes de que la escritura se convirtiera en algo habitual, los cantantes, llamados bardos y baladistas, contaban la **historia** y daban las noticias con canciones. Estos cantantes eran los historiadores y encargados de guardar información. Eran los narradores y los oradores.

Recuerdos del pasado

Algunas culturas tenían músicos llamados cantantes de alabanzas. Su trabajo era honrar a las personas que estaban en el poder. Cantaban sobre la valentía y la sabiduría de sus líderes. Narraban las victorias militares del pasado. También informaban sobre lazos familiares, las leyes, las normas y los reglamentos. Los cantantes de alabanzas memorizaban mitos y leyendas para poder contarlos una y otra vez. Gracias a sus canciones, se mantenían vivas las tradiciones.

En muchas culturas, las personas aún dependen de los cantantes para recordar información importante. En África occidental, una persona llamada griot utiliza la música y las canciones para contar la historia tribal y local. Esta persona fomenta la acción y es premiada según los resultados. En Australia, los cantantes indígenas recitan historias antiguas y describen experiencias nuevas. También usan canciones para enseñar el buen y el mal comportamiento.

Escuela de música. *En este pedazo de jarrón de la antigua Grecia, se muestran niños aprendiendo a tocar instrumentos y recitar poesía.*

Fuerzas unidas

La música puede ser una herramienta importante para unir a las personas. Las canciones tradicionales pueden reunir a grupos pequeños de gente que vive en la misma área o región. Las personas **celebran** las tradiciones locales cantando juntas. Los himnos nacionales demuestran la lealtad y el orgullo de una nación. Pueden unir a millones de personas ubicadas a miles de millas de distancia.

Escuchar música, tocar instrumentos, y cantar juntos conecta a las personas con tradiciones extremadamente antiguas. Cuando las personas se mudan a otras regiones y países, se llevan consigo las canciones, los ritmos, los instrumentos y los bailes tradicionales.

Usan la música para preservar su identidad cultural y diferenciarse de otras personas. También usan la música para conocer nuevos amigos y compartir diferentes culturas.

En muchas culturas, las personas que luchan por la libertad y el trato justo no pueden expresarse. Pero sus canciones pidiendo equidad son imposibles de callar. Los tiempos difíciles inspiran canciones que alientan a las personas a no rendirse. La música llena a la gente de esperanza. Cantar juntos los arma de valor. Cuando otros se unen al canto, demuestran su apoyo y simpatía por una causa.

Canciones de celebración. *Las mujeres de Kenia cantan juntas usando vestimenta tradicional.*

Cantos en el trabajo

La música también es importante en la vida diaria. En varias culturas del mundo, los trabajadores usan canciones y cánticos para trabajar. Cantar los ayuda a concentrarse en el trabajo.

Muchas canciones de trabajo siguen un **patrón** musical de pregunta y respuesta: Una persona o grupo canta una frase, y la segunda persona o grupo responde. En la respuesta, algunas veces se repite parte de la pregunta. Otras veces, la respuesta expresa algún tipo de reacción ante la pregunta. Este patrón presenta diferentes formas en las culturas del mundo.

Pregunta: ¿Por qué no suenas, viejo martillo?
Respuesta: Suena, martillo.
Pregunta: ¿Por qué no suenas, viejo martillo?
Respuesta: Suena, martillo.
Pregunta: Se rompió el mango del martillo
Respuesta: Suena, martillo.

Pregunta: Se rompió el mango del martillo,
Respuesta: Suena, martillo.

Canción de trabajo. *Un capataz (en el centro, vestido de azul) guía a los trabajadores con una canción mientras excavan en Egipto.*

Canciones para el camino. *Los vaqueros de Nuevo México cantan mientras trasladan el ganado por el sendero.*

Los cantantes eran miembros importantes de las tripulaciones de barco. Ayudaban a que los marineros estuvieran alegres durante viajes largos. Las canciones de los marineros se llaman salomas. Algunas salomas se cantaban por diversión. Ayudaban a pasar el tiempo mientras los marineros hacían trabajos que eran tediosos y aburridos. Otras ayudaban a que el trabajo se hiciera con mayor facilidad. Las salomas tenían un ritmo estable. Por ejemplo, los marineros tenían que tirar juntos de las sogas. Una canción con un ritmo fuerte ayudaba a que todos los hombres tiraran al mismo tiempo.

Los trabajadores que cuidan ganado generalmente usan cuernos o flautas para llamar a los animales o a otros trabajadores. Los sonidos se extienden a través de largas distancias.

Las canciones tradicionales de arado en Gales se cantaban para que los bueyes estuvieran contentos. Dos granjeros que trabajaban juntos cantaban las canciones. Mantenían un ritmo estable que coincidía con los pasos de los bueyes. Las letras incluían una indicación para los bueyes en el momento en que tenían que cambiar la dirección.

Los vaqueros del suroeste de los Estados Unidos usaban la música para dirigir el ganado por el camino. Las canciones ayudaban a pasar el tiempo durante largas caminatas con el ganado. Las letras de las canciones describían el amplio terreno, y la libertad y la soledad del trabajo. Con las canciones se mantenía tranquilo al ganado cuando caminaban por el campo. También mantenían al ganado en movimiento por el sendero.

Música de festivales. *En la celebración del Cinco de Mayo las personas bailan con vestimentas coloridas.*

¡Celebración!

No todas las culturas celebran los mismos sucesos. Pero todas las culturas festejan ocasiones especiales de maneras similares. Las comidas, vestimentas y música favoritas convierten un día común en un día festivo.

¿Qué canciones aprendiste de tu familia? Las reuniones familiares, como los cumpleaños, casamientos o funerales, generalmente cuentan con tradiciones musicales que se transmiten de una generación a otra. Las melodías y los ritmos viajan atravesando los océanos y los continentes. Durante el viaje, las palabras pueden cambiar, pero las tradiciones permanecen.

Los festivales religiosos y los días festivos en general incluyen música tradicional. Los festivales anuales pueden celebrarse con canciones y cánticos especiales. Estas ceremonias se han repetido durante cientos e incluso miles de años. Los rituales respetan normas estrictas. Para las personas, la música es una manera única y especial de demostrar alegría y agradecimiento.

Finalizando el día

En todo el mundo, los padres usan la música para calmar a los bebés inquietos. Un ritmo tranquilo funciona como una cuna, una mecedora o el movimiento del cuerpo. Una madre puede cantar para que su hijo esté alegre mientras ella trabaja. Un padre puede cantar para divertirse mientras cuida a los niños durante el día. Los padres pueden cantar para que los niños sepan que es hora de irse a dormir.

Las canciones de cuna se inventaron para convencer a los niños de que se vayan a dormir. En algunas culturas, las canciones de cuna se parecen a plegarias. Las letras piden a los poderes superiores que cuiden a los niños por la noche. Y en muchas familias, la música es parte de la rutina a la hora de irse a la cama. La música puede ayudar a niños de todas las edades a terminar el día con un estímulo tranquilo y familiar.

Canción de cuna. *Una madre en Mongolia canta suavemente para que su hijo se duerma.*

Manteniendo el ritmo. *Las niñas cantan mientras juegan a saltar a la soga en Sudán.*

Ritmos con motivos

Es habitual en todo el mundo usar la música para enseñar lecciones de vida y aptitudes. Musicalizar los hechos hace que sean más fáciles de recordar. Los niños aprenden canciones para saber contar, sumar y restar. Cantan canciones con los nombres de los días de la semana y los meses del año. Las canciones sobre las estaciones ayudan a los niños a aprender sobre el clima. Las canciones pueden ser instrucciones para plantar y cosechar granos y cuidar animales.

En algunas culturas, los ancianos usan la música para transmitir tradiciones. Con la música se pueden explicar costumbres y describir rituales. También se pueden dar ejemplos sobre los buenos modales y el buen comportamiento. A través de la música, se enseña a los niños a mantenerse saludables y seguros.

Los niños usan canciones para jugar. Cantan durante juegos de palmas, juegos en círculo, de pelota y para saltar a la soga. Inventan sus propios pasos o patrones de movimiento. Y enseñan a los otros jugadores las letras y los pasos. Estas canciones y cánticos son tradiciones que los niños inventan y transmiten.

Los jóvenes también descubren música nueva y la introducen en una cultura. Están abiertos a nuevos sonidos. Adoptan ritmos nuevos. Están interesados en las tendencias de la música popular y las ideas nuevas que incluyen los cantantes en sus canciones.

Siempre cantando

La música es una parte maravillosa de todas las culturas. Es una manera de compartir tradiciones, historias, ideas, lecciones y noticias. Algunas canciones cambian según el cantante. Otras se mantienen iguales durante generaciones. La música te acompañará sin importar dónde te encuentres o qué hagas.

VOCABULARIO

celebrar: hacer algo placentero por un motivo especial

historia: sucesos que ocurrieron en el pasado

instrumento: objeto que se usa para hacer música

lenguaje: sistema de sonidos y significados utilizados para comunicarse

patrón: arreglo repetido o regular de sonidos o de movimientos

Alzando la voz para elevar la conciencia

Niassa es una región muy pobre de Mozambique. Durante muchos años, nunca recibió ayuda ni esperanza. Allí, más de la mitad de las personas vive en la pobreza. Sólo el 30 por ciento de las personas tiene agua potable. Casi la mitad de los niños menores de cinco años no tiene suficientes alimentos saludables para comer.

Feliciano dos Santos es un explorador emergente de National Geographic de Niassa. Dos Santos también es un músico conocido en todo el mundo. Él podría haber utilizado sus dotes musicales para salir de Niassa. Pero en lugar de eso, usa su música a fin de lograr un cambio para su pueblo.

Canciones tradicionales, ideas nuevas

Feliciano dos Santos compone música que conmueve a muchas personas. Las melodías que usa se parecen a canciones tradicionales que las personas ya conocen. Marca el ritmo a través de la percusión tradicional. Canta en idiomas locales. Sin embargo, sus letras son únicas.

Cuando era niño, Feliciano dos Santos tuvo una enfermedad llamada poliomielitis. Esta enfermedad puede contagiarse a través del agua, la comida o las manos sucias. Dos Santos quiere que se erradiquen las enfermedades como la poliomielitis. Interpreta canciones que describen hábitos saludables. Canta sobre la importancia del agua limpia. Canta sobre cómo manejar los desechos y cómo matar los gérmenes para prevenir enfermedades. También canta sobre las necesidades básicas que deben satisfacerse para salvar vivas. Estos temas pueden celebrarse cuando se convierten en canciones.

La voz de la experiencia

El pueblo de Niassa toma muy en serio la música de dos Santos. También lo hacen los pueblos de otras regiones donde no se satisfacen las necesidades básicas. Feliciano dos Santos utiliza el poder de la música para difundir un mensaje que cambiará el mundo.

Feliciano dos Santos. *"El agua limpia es un derecho humano básico; pero hay muchos que no lo tienen. Uso la música para representar la voz de las personas que no la tienen."*

Diversión limpia. *Los niños de Niassa se lavan las manos en una bomba de agua.*

A lavarse las manos
A lavarse las manos
Para que los niños estén saludables
Para que los tíos estén saludables
Para que las madres estén saludables
Construimos letrinas.

— Feliciano dos Santos

¡A hacer música!

Piensa en las diferentes tradiciones musicales del mundo para responder estas preguntas.

1. ¿De qué maneras usan la música las personas para preservar sus tradiciones?

2. Describe cómo las personas usan la música para trabajar mejor.

3. ¿Cómo se usa la música en las celebraciones alrededor del mundo? ¿Cómo compara la autora estas tradiciones?

4. ¿Cuál es el mensaje de dos Santos? ¿Cómo divulga dos Santos su mensaje?

5. ¿A qué se parece más la música de dos Santos en "Música y cultura en armonía"?